# Sommaire

Mrs. Kouyadi

# L'ordre alphabétique

**1 Place dans l'ordre alphabétique les mots suivants.**

| | | | | | |
|---|---|---|---|---|---|
| maladresse | vent | inonder | escalier | information | espoir |
| maladie | vedette | escargot | majuscule | vente | innover |

1 ____________ 5 ____________ 9 ____________

2 ____________ 6 ____________ 10 ____________

3 ____________ 7 ____________ 11 ____________

4 ____________ 8 ____________ 12 ____________

**2 Cherche dans le dictionnaire le nom des objets dessinés, puis écris-les selon l'ordre alphabétique.**

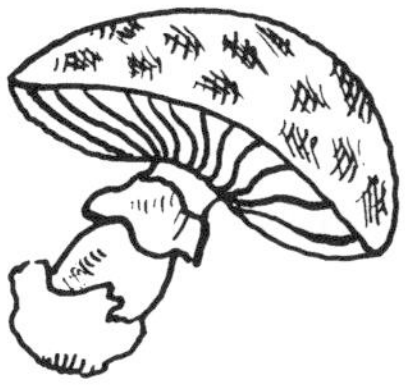

____________

____________

____________

____________

____________

____________

____________

# Les noms communs, les verbes et les adjectifs

## 1 Écris dans les parenthèses les lettres et les chiffres correspondant aux éléments qui vont ensemble.

| | | |
|---|---|---|
| a) chanter | 1) désigne une personne | A) adjectif |
| b) rapide | 2) désigne un animal | B) verbe |
| c) chanson | 3) désigne une chose | C) nom commun |
| d) bleu | 4) ajoute une caractéristique | |
| e) peinture | 5) exprime une action | |
| f) peindre | 6) exprime un état | |
| g) chanteur | | |
| h) cheval | | |
| i) être | | |

Exemple : (a 5 B) chanter (a) exprime une action (5) verbe (B)

(b___ ___) (c ___ ___) (d___ ___) (e___ ___)

(f___ ___) (g___ ___) (h ___ ___) (i ___ ___)

## 2 Raye l'intrus et complète la phrase.

**a** rouge léger obscur abominable voyager précieux moustachu

Tous ces mots sont des ______________________ et l'intrus est un ______________________.

**b** crapaud diamant plaisir capricieux cheval voyage moustache

Tous ces mots sont des ______________________ et l'intrus est un ______________________.

**c** chevaucher monter galoper cavalier courir lire regarder

Tous ces mots sont des ______________________ et l'intrus est un ______________________.

**3** **Trouve dans le texte quatre noms communs, quatre verbes et quatre adjectifs. Écris-les à l'endroit approprié.**

Tintédré-Tintédré avait de petites jambes. Sa tête chauve se terminait par une énorme bosse. Ses yeux minuscules luisaient de ruse et son nez crochu se cognait contre son menton en galoche. Il sautilla vers Azuline et piailla :

– Tintédré-Tintédré, pour vous servir, princesse ! Je combattrai le terrible dragon de Lambret et, par mon matou, je deviendrai votre riche époux.

D'après Dominique Pérez, adapté par Évelyne Reberg,
*À la poursuite de l'œuf du dragon*, Bayard Éditions, 1993.

| Noms communs | Verbes | Adjectifs |
| --- | --- | --- |
| ________ | ________ | ________ |
| ________ | ________ | ________ |
| ________ | ________ | ________ |
| ________ | ________ | ________ |

# Les préfixes

**1** **Complète les mots en utilisant les préfixes ci-dessous.**

**photo** **télé** **in** **tri** **anti**

Exemple : **tri** et **angle** = triangle

| | | |
|---|---|---|
| ________confortable | ________connu | ________spectateur |
| ________phone | ________vol | ________colore |
| | ________cycle | ________croyable |
| | ________commande | ________juste |
| | ________graphie | ________angle |

**2** **De quel préfixe s'agit-il ?**

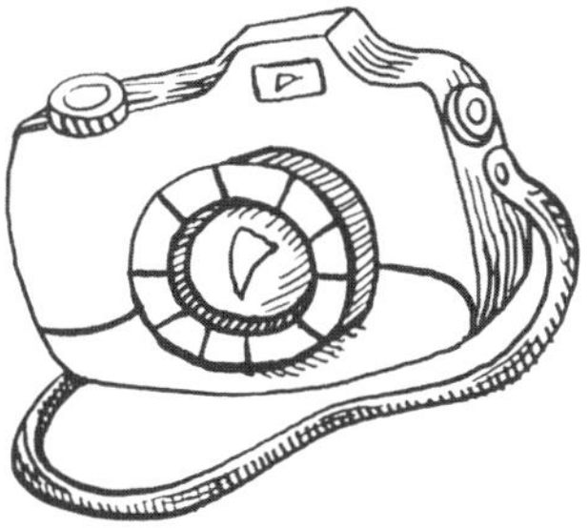

**a** Il signifie **trois** : t________

**b** Il signifie **au loin** : t________

**c** Il signifie **contraire** : i________

**d** Il signifie **lumière** : p________

**e** Il signifie **contre** : a________

# Les déterminants

Les déterminants définis : **le, la, l’, les, au, à la, aux.**

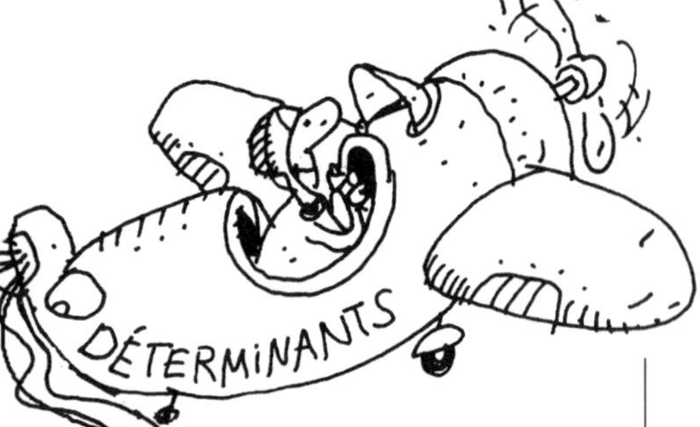


Les déterminants possessifs : **mon**, **ma**, **mes**, **ton**, **ta**, **tes**, **son**, **sa**, **ses**, **notre**, **votre**, **leur**, **nos**, **vos**, **leurs**.

Les déterminants démonstratifs : **ce**, **cet**, **cette**, **ces**.

Les déterminants numéraux : **un**, **deux**, **trois**, **quatre**…

Les déterminants indéfinis : **un, une, des, du.**

Le déterminant est un mot qui accompagne un nom. Il prend le genre et le nombre du nom qu’il accompagne.

Par exemple : **un** pilote, **son** avion.

## 1 Souligne tous les déterminants du texte.

L'autre jour, les deux pneus de la bicyclette de Philippe ont crevé. Impossible pour lui de les réparer. Il a demandé à son père, mais celui-ci était trop occupé. Il s'est tourné vers sa mère, mais elle était trop fatiguée. Il a imploré sa sœur, mais elle était au téléphone. Il a alors supplié son frère qui lui a dit : « D'accord, d'accord, je veux bien t'aider à les réparer, ces pneus, mais qu'est-ce que tu me donneras en retour ? » Philippe a longtemps hésité et puis il s'est décidé : « Mon p'tit jus congelé ! »

## 2 Ajoute les déterminants qui conviennent.

| | | | | | |
|---|---|---|---|---|---|
| une | vos | ton | leurs | mes | ses |
| trois | ce | mes | les | ses | vos |
| un | ces | le | ton | | |

a) Camille a donné __________ bonne leçon à __________ voyous.

b) __________ petit galopin a perdu __________ mitaines.

c) Éric a fait un tour du chapeau, il a marqué __________ buts.

d) Pourquoi est-ce que __________ chien n'aime pas __________ chattes ?

e) Ne mets pas __________ nez dans __________ affaires !

f) __________ cavaliers enfourchent __________ montures et partent au galop.

g) Il fait __________ froid de canard ! N'oubliez pas __________ tuques et __________ foulards.

h) __________ pauvre enfant ne voyait rien sans __________ lunettes.

# Vocabulaire

**1** **Raye le mot souligné, puis remplace-le par le mot juste. Sers-toi de la liste ci-dessous.**

| roule | mètres | patte | museau | peint | tisse |
|---|---|---|---|---|---|

a L'avion vole à une hauteur de mille grammes ________________.

b Mon petit chat s'est cassé une jambe ________________.

c L'auto de mon père navigue ________________ très vite.

d L'araignée tricote ________________ sa toile.

e Le nez ________________ du gros chien est humide.

f L'artiste a peinturé ________________ une magnifique toile.

**2** **Complète le tableau de la page ci-contre en te servant des noms ci-dessous.**

**Les mâles :** canard - mouton - lion - chat - chien - cheval - bœuf - lapin - renard - loup - âne - éléphant

**Les femelles :** renarde - chatte - jument - brebis - vache - cane - lionne - chienne - louve - ânesse - lapine - éléphante

**Les petits :** chiot - lapereau - chaton - veau - poulain - lionceau - agneau - caneton - éléphanteau - louveteau - ânon - renardeau

**Les cris :** braiment - hurlement - miaulement - aboiement - glapissement - meuglement - hennissement - clapissement - rugissement - bêlement - barrissement - nasillement

| Mâle | Femelle | Petit | Cri |
|---|---|---|---|
| loup | louve | louveteau | hurlement |
| | | | |
| | | | |
| | | | |
| | | | |
| | | | |
| | | | |
| | | | |
| | | | |
| | | | |
| | | | |
| | | | |

**3** **Dans chacune des expressions suivantes, un mot a été changé. Trouve-le. Indice : ce sont des noms d'animaux.**

Exemple : Être sale comme un grognon. cochon

a) Être rusé comme un regard. ____________________

b) Être têtu comme une bulle. ____________________

c) Être malin comme un linge. ____________________

d) Être fort comme un œuf. ____________________

e) Être doux comme un hublot. ____________________

f) Avoir une faim de fou. ____________________

g) Avoir des larmes d'automobile. ____________________

h) Avoir une mémoire d'élégant. ____________________

i) Avoir des yeux de cinq. ____________________

j) Avoir un plat dans la gorge. ____________________

k) Avoir la russe à l'oreille. ____________________

# La ponctuation et les majuscules

**1** **Entoure la ponctuation qui convient.** ! **ou** ?

| | | |
|---|---|---|
| a S'il fallait que ça m'arrive | ! | ? |
| b Est-ce que les animaux rient | ! | ? |
| c Qu'est-ce que je dois faire | ! | ? |
| d Tu parles d'un rêveur | ! | ? |
| e À qui voulez-vous parler | ! | ? |
| f Oh, comme c'est beau | ! | ? |
| g Bravo Constance | ! | ? |

**2** **Trouve les huit erreurs et corrige-les.**

Les drôles de sourcils

sophie désirait beaucoup avoir des sourcils très épais Le peu qu'elle avait étaient blonds, donc on ne les voyait pas beaucoup Elle avait entendu dire que, pour faire épaissir les cheveux, il fallait les couper souvent. puisque, se dit-elle, les cheveux deviennent plus épais quand on les coupe, les sourcils, qui sont de petits cheveux, devraient faire de même. voilà sophie qui prend des ciseaux et qui coupe ses sourcils aussi courts que possible Ses sourcils mirent plus de six mois à repousser. ils étaient comme les poils d'une brosse à dents !

D'après la Comtesse de Ségur, *Les Malheurs de Sophie*.

# Le groupe du nom

Le **groupe du nom** est un nom auquel se rattachent d'autres mots qui le complètent : déterminants, adjectifs, etc. Le nom est le mot principal du groupe du nom. On dit qu'il est le noyau du groupe du nom. Le groupe du nom peut être un nom propre.
Exemples : **Le gros chien** aboie. **Agaguk** chante.

**1** **Forme six groupes du nom en choisissant un déterminant, un nom et un adjectif pour chacun. Attention ! Tu dois faire les accords nécessaires.**

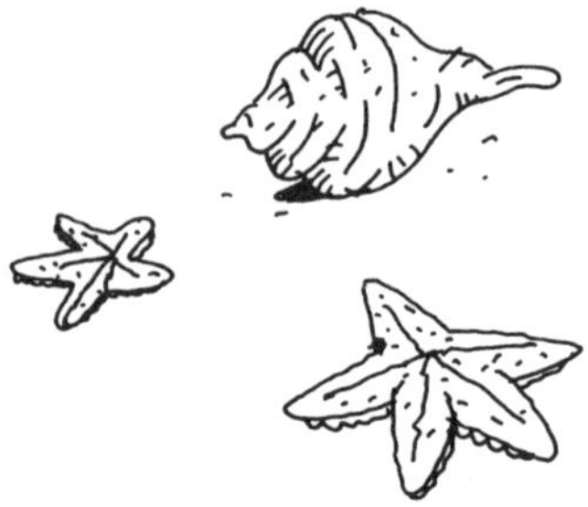

**Déterminants :** un - quelques - du - le - plusieurs - ce - ton - la - une - des
**Noms :** marée - algue - vague - sable - coquillage - baleine - mouette - poisson - tempête - hippocampe
**Adjectifs :** bas - fin - géant - marine - terrible - grand - bleu - vert - petit - haut

Exemple : la marée basse

**2** **Souligne les groupes du nom du texte.**

L'homme sort de sa poche plusieurs grosses huîtres. D'un geste calme, il en prend une. Il l'approche de ses lèvres et lui murmure des mots tendres. Après avoir avalé sa dernière huître, il se met à siffler un air étrange. Quelques mouettes arrivent et se perchent sur son bras, puis viennent manger dans sa main.

D'après Robert Soulières, *L'homme qui venait de la mer,* coll. « Plus », Hurtubise HMH, 1991.

# Les pronoms

Les pronoms remplacent un groupe du nom.
Les pronoms servent à éviter de répéter le groupe du nom.
Exemple : Malbrough s'en va en guerre; **il** reviendra à Pâques.

**1** **Entoure dans la grille les pronoms suivants.**

| | | | |
|---|---|---|---|
| je | on | elles | lui |
| tu | nous | le | leur |
| il | vous | la | celui |
| elle | ils | les | |

| | | | | | | | | |
|---|---|---|---|---|---|---|---|---|
| l | o | v | e | l | l | e | s | e |
| e | j | e | n | o | u | s | a | l |
| u | n | o | i | l | l | u | i | l |
| r | t | u | i | l | s | l | a | e |
| v | o | u | s | l | e | l | e | s |
| c | e | l | e | c | e | l | u | i |

**2** **Dans les phrases suivantes, remplace les groupes du nom entre parenthèses par le pronom qui convient.**

Exemple : (L'hiver ) **Il** sera long.

a (Sa mère) __________ lui avait pourtant fait un bon sandwich.

b (Capucine et Jeanne) __________ ont apprivoisé une marmotte.

c (Jean et moi) __________ avons traversé la rivière à la nage.

d (Mon chien) __________ voudrait bien avoir un os.

e (Une coccinelle) __________ se posa doucement sur sa main.

**3** **Écris dans les parenthèses le groupe du nom remplacé par le pronom souligné.**

Exemple : Ce livre, je ne le lirai pas (ce livre) !

**a** Elle s'est disputée avec ses amies et leur a crié des injures (________________).

**b** C'est l'anniversaire de mon frère, je lui donnerai un cerf-volant (________________).

**c** Je te prête une balle; prends celle que tu préfères (________________).

**d** J'ai recueilli un chien et je l'ai nourri (________________).

**e** Mon père nous a donné un canot, à mon frère et moi (________________).

**f** Ce trophée est celui que j'ai gagné au saut à la perche (________________).

**4** **Raye les groupes du nom soulignés puis écris un pronom pour les remplacer.**

**a** Ses yeux ne sont pas bleus, ses yeux __________ sont noirs.

**b** Quand mon frère part en voyage, je m'ennuie de mon frère __________.

**c** L'homme prit son chapeau et __________ mit son chapeau sur sa tête.

**d** La louve entendit les appels de ses louveteaux et __________ rejoignit ses louveteaux.

**e** Prête-moi ta bicyclette, je te __________ rendrai ta bicyclette demain.

**f** Ce chemin n'est pas le chemin __________ que je prends d'habitude.

**g** L'herbe du voisin n'est pas __________ l'herbe qui est la plus verte.

**5** **Écris dans les parenthèses si le mot souligné est un déterminant (D) ou un pronom (P).**

Exemple : La vérité choque (D) !

**a** La nuit porte conseil (______).

**b** Ce soir la lune sera pleine (______), tu la verras de ta fenêtre (______).

**c** Quand les blés seront mûrs (______), nous les faucherons (______).

**d** Les cachettes que j'ai trouvées (______), vous ne les découvrirez jamais (______).

# Les classes de mots

Il existe différentes classes de mots : les noms, les verbes, les adjectifs, les déterminants, etc.

**1** **Écris à quelle classe appartiennent les mots soulignés.**

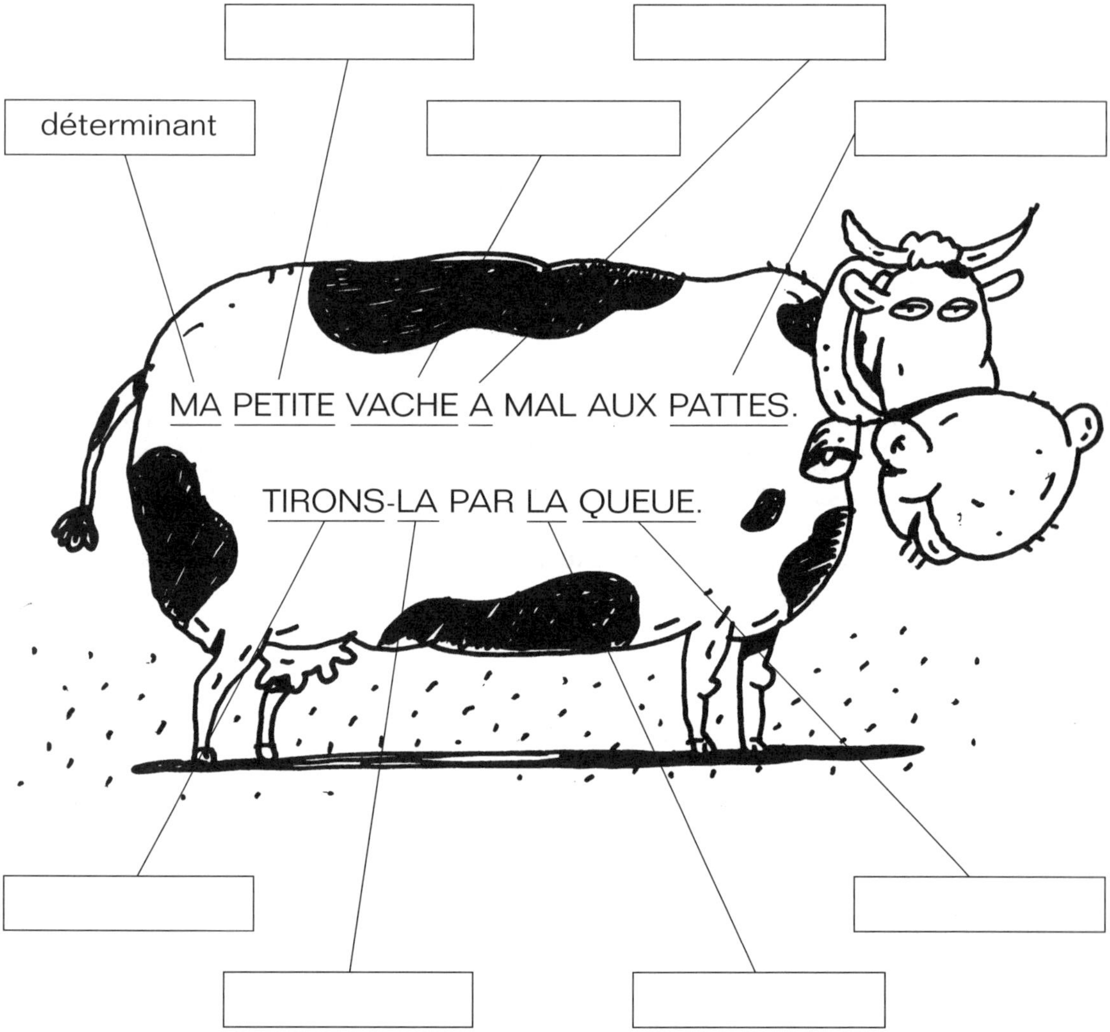

Alors le Templier tourne vers eux sa tête emprisonnée de fer.

Dans les fentes de son heaume, ses yeux flamboient comme de la braise.

Gildas s'aplatit au ras des pierres. Le Templier éperonne sa monture, disparaît dans la nuit de la terre.

D'après Anne-Marie Pol,
*Le Galop du Templier,*
coll. « Plus »,
Hurtubise HMH, 1992.

# Lecture et compréhension

**1 Lis le texte ci-dessous et réponds aux questions.**

Agaguk va à la chasse en motoneige. Il ne part jamais sans son fusil ni son couteau. Il emmène toujours son chien pour lui tenir compagnie. Son petit frère ne vient pas avec lui car il est trop jeune. Agaguk aime aussi la pêche, mais il préfère la chasse.

**a** Par quel moyen de transport Agaguk se rend-il à la chasse ?

______________________________

**b** Agaguk apporte avec lui son fusil et son couteau parfois, toujours ou jamais ?

______________________________

**c** Pourquoi le petit frère d'Agaguk ne l'accompagne pas ?

______________________________

**d** Agaguk emmène toujours son chien à la chasse. Est-ce pour l'aider à chasser ou pour ne pas être tout seul ?

______________________________

**e** Agaguk préfère-t-il la chasse ou la pêche ?

______________________________

# Les synonymes et les antonymes

**1 Relie les mots qui ont le même sens.**

| | |
|---|---|
| grand • | • obscurité |
| content • | • vite |
| noirceur • | • méchant |
| petit • | • vaste |
| mauvais • | • heureux |
| difficile • | • admirable |
| rapide • | • minuscule |
| beau • | • malaisé |

**2 Relie chaque mot à son contraire.**

| | |
|---|---|
| luisant • | • grand |
| pleurer • | • haut |
| partir • | • mat |
| blanc • | • lent |
| petit • | • arriver |
| large • | • noir |
| rapide • | • rire |
| non • | • oui |
| dessus • | • dessous |
| bas • | • bon |
| mauvais • | • facile |
| difficile • | • léger |
| lourd • | • étroit |

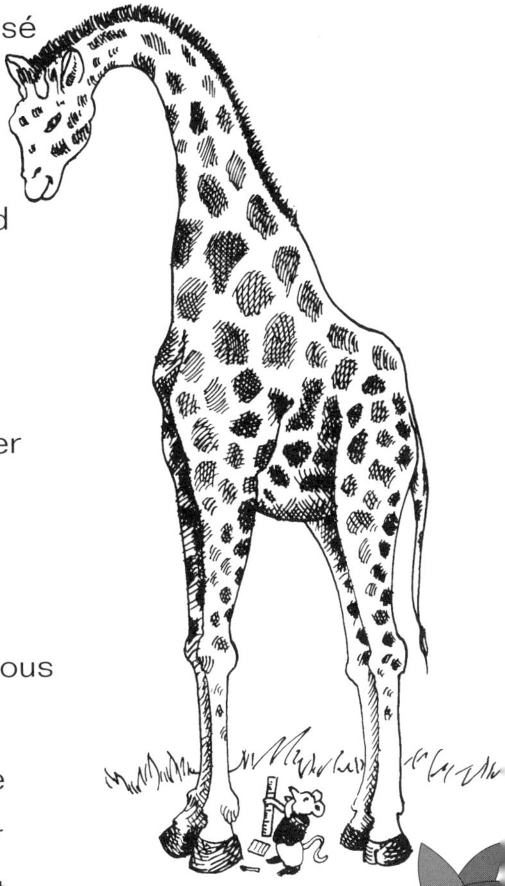

# Les accents et le tréma

**1** **Les accents (aigu, grave, circonflexe) ont été oubliés. Ajoute-les.**

poeme   arome   piqure   fantome   reglement   sur

flute   diner   cable   creche   guepard   ble

**2** **Colorie en bleu les mots qui contiennent un accent grave, en vert ceux qui contiennent un accent aigu et en jaune ceux qui contiennent un accent circonflexe.**

cheminée   mère   mystère   frère   château   père   école

éléphant   fenêtre   télévision   médecin   piqûre   flèche

**3** **Lesquels des mots suivants prennent un tréma sur le i? Ajoute-le.**

égoiste   voiture   naif   hair   aigle   oublier   ouie

**4** **Lesquels des mots suivants prennent un tréma sur le e? Ajoute-le.**

Noel   figue   canoe   langue   aigue   vague

# Le genre

## 1 Complète par le déterminant qui convient : **un** ou **une**.

a ______ autobus
b ______ autoroute
c ______ ancre
d ______ avion
e ______ éclair
f ______ épice
g ______ indice
h ______ orage
i ______ pétale
j ______ clarinette
k ______ incendie
l ______ spaghetti

## 2 Encercle le bon déterminant.

a (Un - Une) autobus arrête près de (le - la) dame.

b Chez (mon - ma) grand-père, il y a (un - une) escalier en colimaçon.

c Lorsque nous étions dans la forêt, (une - un) orage éclata.

d (Cet - Cette) incendie nous a fait peur.

## 3 Écris les mots au féminin.

boulanger ______________________

passager ______________________

cuisinier ______________________

fermier ______________________

épicier ______________________

écolier ______________________

léger ______________________

étranger ______________________

## 4 Écris les mots au féminin.

| | | | |
|---|---|---|---|
| bon | ________ | champion | ________ |
| chien | ________ | patron | ________ |
| musicien | ________ | gardien | ________ |
| lion | ________ | ancien | ________ |

## 5 Écris l'adjectif au féminin.

| | | | | | |
|---|---|---|---|---|---|
| vieux | ________ | beau | ________ | long | ________ |
| blanc | ________ | doux | ________ | joyeux | ________ |
| sec | ________ | faux | ________ | gentil | ________ |

**6** **Les huit mots soulignés dans le texte ci-dessous se retrouvent dans la grille. Cherche-les et colorie en bleu les mots masculins, en vert les mots féminins.**

Minoumou

Minoumou, mon petit chat, se promène dans une allée du parc. Il regarde, émerveillé, les papillons et les colimaçons. C'est une journée importante dans sa vie, car c'est la première fois qu'il sort seul de la maison. Minoumou est heureux, il prend plaisir à la liberté d'une douce et chaude journée d'été.

| | | | | | | | | | |
|---|---|---|---|---|---|---|---|---|---|
| c | h | a | t | a | é | t | é | w | c |
| d | o | i | l | s | u | v | m | a | i |
| p | a | p | i | l | l | o | n | s | f |
| q | j | o | u | r | n | é | e | q | m |
| c | o | l | i | m | a | ç | o | n | s |
| x | v | i | e | k | p | a | r | c | o |
| l | i | b | e | r | t | é | k | g | s |

**7** **Entoure l'adjectif qui convient.**

Sophie

Sophie était (coquet - coquette), elle aimait à être bien (mis - mise). Et pourtant, elle n'était pas (joli - jolie); elle avait une (bon - bonne) (gros - grosse) figure bien (frais - fraîche), bien (gai - gaie), avec de très (beaux - belles) yeux (gris - grises), un nez en l'air et un peu (gros - grosse), une bouche (grand - grande) et toujours prête à rire, des cheveux (blonds - blondes) pas frisés (...)

Comtesse de Ségur, *Les Malheurs de Sophie*.

# Le nombre

**1 Mets les noms suivants au pluriel.**

Un tuyau, des ________________. Un joyau, des ________________.

Un château, des ________________. Un chapeau, des ________________.

Un drapeau, des ________________. Un râteau, des ________________.

Un bateau, des ________________. Un oiseau, des ________________.

**2 Seulement deux mots en eu prennent un s au pluriel (tous les autres prennent un x). Trouve-les dans la liste ci-dessous et entoure-les.**

feu pneu cheveu bleu adieu lieu jeu neveu

**3 Classe les mots de la liste dans la colonne qui convient.**

bateau tapis feu manteau chandail
noix pruneau bois poire pneu
clou loup tuyau souris nez

| Ne change pas au pluriel | Prend un s au pluriel | Prend un x au pluriel |
|---|---|---|
| | | |
| | | |
| | | |
| | | |
| | | |

**4** **Complète les phrases par un déterminant et un adjectif de ton choix. Attention aux accords !**

a ______ loups ________________ hurlent à la lune.

b ______ vache ________________ donne beaucoup de lait.

c ______ ________________ oies blanches s'envolent vers le sud.

d ______ perroquet ________________ a sauté sur ton épaule.

**5** **Mets les phrases au pluriel. Attention aux accords !**

a Un grand feu brûle dans la cheminée.

______________________________________________

b L'oiseau bleu a fait un nid dans l'érable.

______________________________________________

c Le cheval galope dans le champ.

______________________________________________

# Le groupe sujet

Pour trouver le groupe sujet, on pose les questions **qui est-ce qui ?** ou **qu'est-ce qui ?** avant le verbe. Le groupe sujet peut être un groupe du nom ou un pronom.

**1 Complète la phrase.**

Pour trouver le ______________ ______________ , on pose les questions ______________? ou ______________? avant le verbe.

**2 Lis attentivement le texte et réponds aux questions.**

Les habitants de Nourra commencent à s'éveiller. Ils ouvrent les fenêtres pour que les rayons éclairent leurs petites maisons blanches aux toits de chaume. Une douce brise souffle sur le paysage, faisant valser les palmiers et les citronniers qui poussent capricieusement entre les maisons.

Marie-Andrée Clermont, *À la belle étoile,* Éditions Pierre Tisseyre, 1993.

**a** Qui est-ce qui commence à s'éveiller ? ______________

**b** Qui est-ce qui ouvre les fenêtres ? ______________

**c** Qu'est-ce qui éclaire leurs petites maisons ? ______________

**d** Qu'est-ce qui souffle sur le paysage ? ______________

## 3 Entoure le groupe sujet et relie-le au verbe par une flèche.

Exemple : (Nous) dormons comme des loirs.

**a** Vincent dort comme une marmotte.

**b** Les hirondelles n'annoncent pas toujours le printemps.

**c** Ses paroles se transformaient en perles.

**d** Mon anniversaire est le plus beau jour de l'année.

**e** Tu détestes les araignées.

**f** Je ne sais pas quoi faire.

## 4 Entoure le groupe sujet et complète le verbe par la terminaison qui convient.

Exemple : (La nuit) tombera bientôt. (-a /-ont)

**a** Mon secret ne pourr_______ jamais être découvert. (-a /-ont)

**b** Elle avanc_______ dans le sombre corridor. (-e /-ent)

**c** Des bruits inquiétants résonn_______ dans la maison. (-e /-ent)

**d** Nous aimer_______ bien être ailleurs. (-ions /-aient)

**e** Veu_______-tu un verre de limonade ? (-x /-t)

**f** Ce pauvre chien trembl_______ de froid. (-e /-es)

**5 Souligne le groupe sujet, puis entoure le verbe qui convient.**

Exemple : Ces voleurs, je les trouverai. / trouveraient.

a) Il me fais / fait peur avec ce masque sur la tête.

b) Je vous dirai / direz qui frappe à la porte.

c) Tu les vois / voient venir de loin.

d) Les pommes, je les préfère / préfèrent vertes.

e) Ils nous appellerons / appelleront en cas d'urgence.

Quand le groupe sujet est le pronom **qui**, le verbe prend la personne et le nombre du mot ou du groupe de mots remplacé par **qui**.

## 6 Entoure le mot ou le groupe de mots remplacé par **qui**.

Exemple :

(Le premier)
qui rira aura une gaufrette.
Les premiers

**a** Celui
qui s'endort réveille l'autre.
Ceux

**b** C'est le tableau
qui ont été dérobés.
Ce sont les tableaux

**c** L'homme
qui s'enfuit est un voleur.
Les hommes

## 7 Dans chaque phrase, encercle le mot ou le groupe de mots remplacé par le pronom **qui** et écris la terminaison du verbe à l'indicatif présent.

Exemple : C'est (le tonnerre) qui gronde**e**.

**a** Entends-tu les chouettes qui hulul______ ?

**b** Le premier qui parl______ sera transformé en statue !

**c** Ceux qui comprenn______ ses plaisanteries sont aussi fous que lui !

**d** C'est vous qui jou______ si bien du piccolo ?

**e** C'est ma voiture qui fai______ tout ce bruit.

**f** C'est toujours toi qui gagn______ la partie.

# LE GRAND JEU DE L'HIPPODROME

Nomme trois déterminants. →

Corrige la faute.
**Je vous direz la vérité.**

À quelle classe appartient le mot **mon** ?

Transforme la phrase suivante en phrase interrogative.
**Tu pars**.

Transforme la phrase suivante en phrase négative.
**Reste là** !

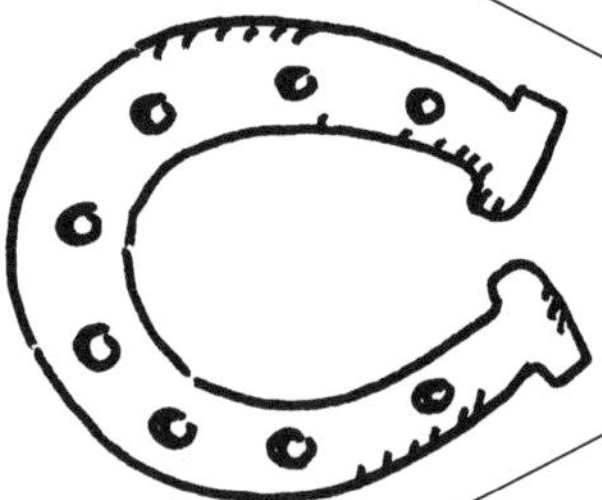

Comment trouve-t-on le groupe sujet ?

Nomme trois mots interrogatifs.

À quelle classe appartient le mot **blanc** ?

→ Nomme trois adjectifs.

Quelle lettre prennent les mots suivants au pluriel ?
**chapeau – bateau – oiseau**

# La Réforme scolaire et votre enfant

Tout a débuté en 1994 par une question : Notre système d'éducation prépare-t-il adéquatement nos enfants aux défis du XXIe siècle ?

Pour tenter d'y répondre, le Gouvernement du Québec mettait sur pied les États généraux sur l'éducation qui, après consultations et enquêtes auprès de tous les milieux et dans toutes les régions du Québec, recommandaient, en 1996, une réforme importante du système scolaire.

La Réforme, lancée en septembre 2000, touche principalement la pédagogie, l'organisation scolaire et l'évaluation des élèves. Quant aux contenus des apprentissages, ils restent sensiblement les mêmes, mais s'inscrivent davantage dans une dimension culturelle et intègrent les nouvelles technologies de l'information. Plus d'heures sont consacrées aux matières de base (mathématique et français) et l'enseignement de l'histoire, de la géographie et de l'anglais commence dès la 3e année (2e cycle).

Le but visé par cette réforme est le succès des enfants. En dépit des meilleures volontés du monde, d'une nouvelle approche pédagogique et d'un vocabulaire différent, ce succès, faut-il le dire, ne viendra pas sans travail ni effort. C'est pourquoi la collaboration des parents – leur soutien et leur encouragement – demeure d'une importance primordiale.

# Le vocabulair

## L'apprentissage par cycles

Les six années d'enseignement primaire (1re, 2e, 3e, etc.) sont maintenant regroupées par **cycles**, le premier correspondant à la 1re et 2e années, le deuxième à la 3e et 4e années et le troisième à la 5e et 6e années.

## Programme de formation

Le nouveau Programme de formation décrit l'ensemble des connaissances et des habiletés qu'un élève doit acquérir et la façon dont il doit les acquérir.

## Programmes d'études

Les programmes d'études décrivent les contenus d'apprentissage par domaines d'apprentissage et par cycles.

## Domaines d'apprentissage

Au nombre de cinq, les domaines d'apprentissage comprennent les disciplines suivantes:

- les langues (le français et l'anglais, langue d'enseignement et langue seconde);
- la mathématique, les sciences et la technologie;
- l'univers social (géographie, histoire et éducation à la citoyenneté);
- les arts (art dramatique, arts plastiques, danse, musique);
- le développement personnel (éducation physique, enseignement moral et religieux).

## Domaines généraux de formation

Les domaines généraux de formation sont les contextes sociaux, culturels, environnementaux et économiques qui illustrent et actualisent les apprentissages des élèves. Dans le domaine des médias, par exemple, Guillaume peut (et devra éventuellement) se servir de son jugement critique pour évaluer la qualité de l'émission de télévision qu'il regarde.

# de la Réforme

## Compétences transversales

Les compétences transversales sont d'ordre intellectuel, méthodologique, personnel, social et de la communication. Une compétence est dite *transversale* quand elle peut être utilisée dans une autre discipline (ou un autre contexte) que celle dans laquelle elle a été acquise. Exemple : Au cours d'éducation physique, l'enseignant demande à Guillaume de former deux équipes égales avec les 26 élèves de la classe. Pour ce faire et bien remplir sa tâche, Guillaume **transférera** une compétence d'ordre intellectuel acquise au cours de mathématique.

## Compétences disciplinaires

« Lire des textes variés », par exemple, est l'une des quatre compétences disciplinaires en français. Pour la développer et l'acquérir, l'enfant doit maîtriser des contenus particuliers : la syntaxe et la ponctuation, entre autres.

## Pédagogie par projets

Une approche qui veut mettre l'accent sur une plus grande participation de l'enfant dans le processus de son apprentissage. Les tâches effectuées par l'enfant lors d'un projet à réaliser, individuellement ou collectivement, l'amèneront à faire des liens entre les différentes disciplines et à développer plusieurs compétences transversales.

# La nouvelle grammaire, qu'en est-il au juste ?

Le français est une langue vivante, donc elle évolue. C'est aussi le cas de la grammaire. En travaillant avec vos enfants, vous remarquerez qu'ils utilisent des termes qui vous sont inconnus. La nouvelle grammaire, c'est un nouveau vocabulaire, mais c'est aussi une nouvelle approche dans l'apprentissage de la langue.

Ainsi, au lieu de partir du mot pour arriver à sa fonction dans la phrase, comme c'était le cas de la grammaire que nous avons apprise, la nouvelle grammaire part de la fonction des groupes de mots dans la phrase pour arriver au mot. Dans l'exemple plus bas, on peut voir la différence entre les deux.

Les Cahiers Orange Français vous permettront de vous familiariser avec cette approche. Votre enfant sera ravi que vous appreniez la grammaire en même temps que lui !

Pierre-Marie Paquin
Directeur des éditions pédagogiques

Exemple : Cette nuit, mes frères dormiront à la belle étoile.

| Ancienne grammaire | Nouvelle grammaire |
| --- | --- |
| **Les mots : de leur nature à leur fonction**<br><br>*Cette :* adjectif démonstratif, s'accorde avec nuit<br><br>*nuit :* nom commun, complément circonstanciel de temps<br><br>*mes :* adjectif possessif, s'accorde avec frère<br><br>*frères :* nom commun, sujet dormiront : verbe<br><br>*à :* préposition<br><br>*la :* article défini, s'accorde avec étoile<br><br>*belle :* adjectif qualificatif, s'accorde avec étoile<br><br>*étoile :* nom commun, complément circonstanciel de lieu | **Les groupes de mots : de leur fonction à la classe des mots qui les constituent**<br><br>*mes frères :* groupe sujet (GS), groupe du nom<br>*mes :* déterminant possessif<br>*frères :* nom noyau<br><br>*dormiront à la belle étoile :* groupe du verbe (GV)<br>*à :* préposition<br><br>*la belle étoile :* groupe du nom<br>*la :* déterminant défini<br>*belle :* adjectif<br>*étoile :* nom commun, noyau du groupe du nom<br><br>*Cette nuit :* groupe complément de phrase, groupe du nom<br>*Cette :* déterminant démonstratif<br>*nuit :* nom commun, noyau du groupe du nom |

Nombre de joueurs : de deux à quatre. Il faut un pion par joueur et un dé. On tire au sort pour déterminer celui ou celle qui commence. Chaque joueur, à tour de rôle, doit d'abord répondre à une question. S'il a la bonne réponse, il lance le dé et avance son pion selon le chiffre obtenu. S'il échoue, il attend le tour suivant pour lancer le dé. Chaque joueur doit faire un tour de piste et repasser par son point de départ pour se rendre au centre. Le premier joueur qui atteint la case d'arrivée gagne la partie. Si une case est déjà occupée par un adversaire, le joueur place son pion sur la case précédente.

Épelle le féminin de **léger**.

Nomme trois verbes.

←

À quelle classe appartient le mot **cheval** ?

Nomme trois noms communs.

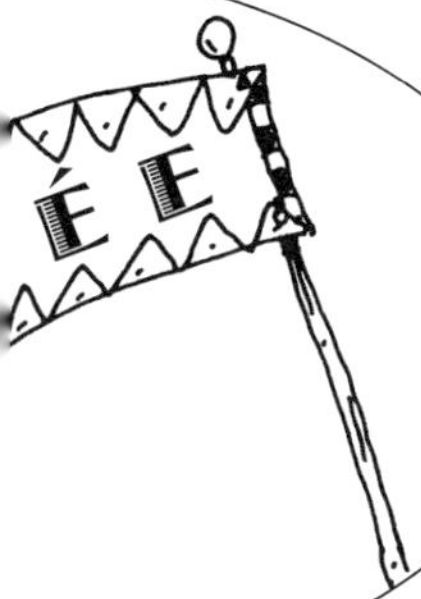

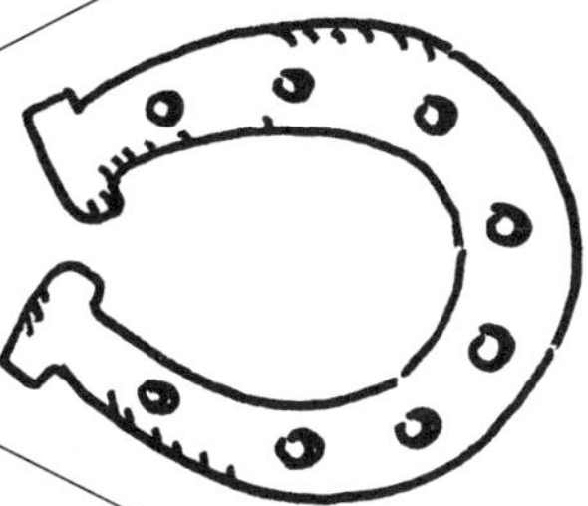

Donne une façon de construire une phrase interrogative.

Le mot **autobus** est-il masculin ou féminin ?

À quoi servent les pronoms ?

À quelle classe appartient le mot **galoper** ?

Lequel des mots suivants prend un **x** au pluriel ?

**feu – bleu – pneu**

←

Nomme trois pronoms.

# Les conjugaisons

**1** **Pour chaque proverbe, écris dans la colonne indiquée le verbe à l'infinitif.**

| Proverbe | Verbe |
|---|---|
| a Une hirondelle ne fait pas le printemps. | |
| b Ventre affamé n'a pas d'oreilles. | |
| c On reconnaît l'arbre à ses fruits. | |
| d Le mieux est l'ennemi du bien. | |
| e La fortune vient en dormant. | |
| f Chat échaudé craint l'eau froide. | |
| g Fontaine, je ne boirai pas de ton eau. | |
| h Les murs ont des oreilles. | |
| i La nuit porte conseil. | |

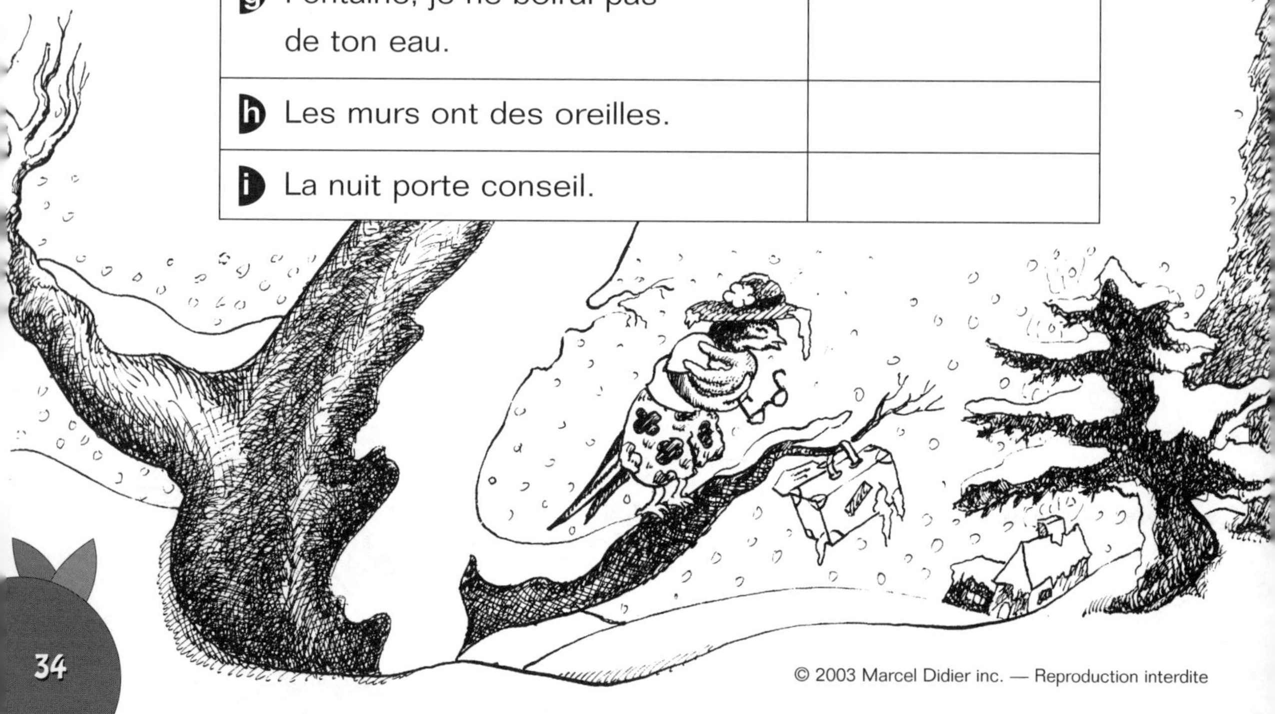

**2** Dans chaque colonne, écris le verbe **avoir** au temps et à la personne demandés.

| Avoir | Indicatif présent | Indicatif futur simple | Indicatif imparfait | Indicatif conditionnel présent |
|---|---|---|---|---|
| 1re pers. du sing. | | | | |
| 3e pers. du plur. | | | | |
| 2e pers. du sing. | | | | |
| 2e pers. du plur. | | | | |
| 3e pers. du sing. | | | | |
| 1re pers. du plur. | | | | |

**3** **Encercle le verbe écrit correctement**.

a) Si vous étiez fakir, vous (auriez - aurez) les yeux perçants.

b) Des Indiens (avait - avaient) enlevé le professeur Tournesol.

c) Vous (avez - avait) gagné quatre albums de bandes dessinées.

d) Le sorcier Gargamel (avait - avaient) un chat un peu idiot.

e) Obélix (as - a) un gros nez.

**4** **Écris le verbe avoir au temps de l'indicatif entre parenthèses.**

a) Astérix n' (imparfait) ________________ pas peur des Romains.

b) S'il n'y avait pas de sangliers dans la forêt, Obélix (conditionnel présent) ________________ toujours faim.

c) Les Gaulois (imparfait) ________________ peur que le ciel leur tombe sur la tête.

## 5 Dans chaque colonne, écris le verbe **être** au temps et à la personne demandés.

| Être | Indicatif présent | Indicatif futur simple | Indicatif imparfait | Indicatif conditionnel présent |
|---|---|---|---|---|
| 2$^{e}$ pers. du sing. | | | | |
| 1$^{re}$ pers. du plur. | | | | |
| 1$^{re}$ pers. du sing. | | | | |
| 3$^{e}$ pers. du plur. | | | | |
| 3$^{e}$ pers. du sing. | | | | |
| 2$^{e}$ pers. du plur. | | | | |

## 6 Écris le pronom personnel qui convient. Fais bien attention aux terminaisons des verbes.

a) ________ serons contents de manger un sanglier rôti.

b) ________ es le terrible sorcier Gargamel.

c) ________ suis un grand amateur de bandes dessinées.

d) ________ sera découvert par le reporter Tintin.

e) Si Milou trouvait un os, ________ serait heureux.

## 7 Écris le verbe **être** au temps de l'indicatif entre parenthèses.

a) La schtroumpfette (futur simple) ____________ belle.

b) Le professeur Tournesol (présent) ____________ très sourd.

c) La Castafiore (conditionnel présent) ____________ charmante si elle chantait moins fort.

**8** **a** **Complète le texte ci-dessous en mettant les verbes entre parenthèses à l'indicatif présent.**

Le chevalier

Dans les contes du Moyen Âge, les garçons s'(appeler) ________________ Guillaume, Renaud, Olivier, Gauvin... S'ils (vouloir) ________________ devenir chevaliers, ils (devoir) ________________ quitter leur famille dès l'âge de huit ans. Ils (être) ________________ d'abord pages au château du seigneur, puis écuyers. À l'âge de dix-huit ans, ils (devenir) ________________ chevaliers lors d'une cérémonie que l'on (désigner) ________________ sous le nom d'adoubement. Ce jour-là, on leur (fournir) ________________ un cheval et une épée. Ils (promettre) ________________ alors de protéger les plus faibles, la veuve et l'orphelin.

**b** **Conjugue les verbes à l'indicatif présent.**

| | Désigner | Fournir | Vouloir |
|---|---|---|---|
| Je | ________________ | ________________ | ________________ |
| Tu | ________________ | ________________ | ________________ |
| Il, elle, on | ________________ | ________________ | ________________ |
| Nous | ________________ | ________________ | ________________ |
| Vous | ________________ | ________________ | ________________ |
| Ils, elles | ________________ | ________________ | ________________ |

**9** **a** **Complète le texte ci-dessous en mettant les verbes entre parenthèses à l'indicatif imparfait.**

La châtelaine

Au Moyen Âge, les filles des seigneurs s'(appeler) ________________ Anne, Blanche, Aliénor, Héloïse, Guenièvre... Très jeune, souvent avant d'avoir cinq ans, la petite fille (être) ________________ promise à un jeune prince. Elle se (marier) ________________ vers l'âge de quinze ans. La châtelaine s'(occuper) ________________ de la maison et se (charger) ________________ du domaine lorsque le seigneur (devoir) ________________ s'absenter. De plus, elle (veiller) ________________ à l'instruction de ses filles. Les châtelaines, au Moyen Âge, (savoir) ________________ lire et compter, ce qui (être) ________________ très rare à cette époque.

**b** **Conjugue les verbes à l'indicatif imparfait.**

| | Occuper | Veiller | Savoir |
|---|---|---|---|
| Je (J') | ________ | ________ | ________ |
| Tu | ________ | ________ | ________ |
| Il, elle, on | ________ | ________ | ________ |
| Nous | ________ | ________ | ________ |
| Vous | ________ | ________ | ________ |
| Ils, elles | ________ | ________ | ________ |

## 10 a Complète le texte ci-dessous en mettant les verbes entre parenthèses à **l'indicatif futur simple.**

Médecin ou géographe ?

Quand tu (avoir) ______________ quinze ans, tu ne (songer) ______________ certainement pas encore au mariage. Il (falloir) ______________ d'abord que tu termines tes études. Tu ne (devenir) ______________ peut-être pas châtelaine ou chevalier, mais tu (pouvoir) ______________, par exemple, devenir médecin ou géographe. Ainsi, au lieu de te battre à cheval ou de t'occuper d'un grand domaine, tu (chasser) ______________ plutôt les petits microbes ou tu (connaître) ______________ les secrets de maints pays.

**b Conjugue les verbes à l'indicatif futur simple.**

| | Songer | Connaître | Pouvoir |
|---|---|---|---|
| Je | ______ | ______ | ______ |
| Tu | ______ | ______ | ______ |
| Il, elle, on | ______ | ______ | ______ |
| Nous | ______ | ______ | ______ |
| Vous | ______ | ______ | ______ |
| Ils, elles | ______ | ______ | ______ |

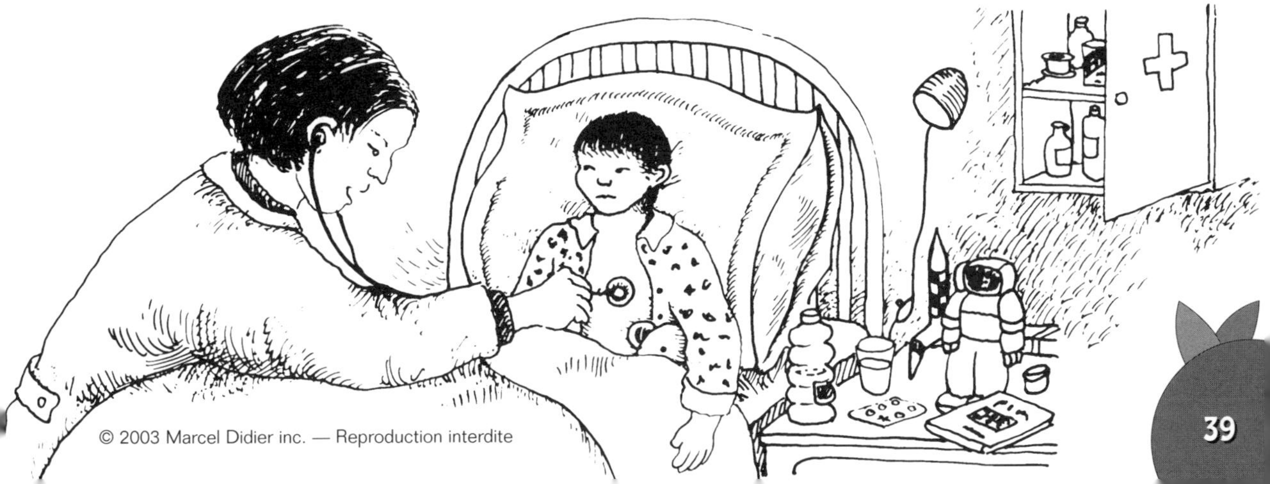

**11** **a** **Complète le texte ci-dessous en mettant les verbes entre parenthèses à l'indicatif conditonnel présent.**

Si j'étais pâtissier

Je (vouloir) ________________ être pâtissier. Je (faire) ________________ plein de bons gâteaux et je (porter) ________________ un beau chapeau. Je (manger) ________________ des babas au rhum pour le dîner et j'en (offrir) ________________ à mes amis. Tous les enfants de mon quartier (remplir) ________________ leurs poches de tartes aux pommes. Nous (laisser) ________________ les miettes aux petits oiseaux. Ah ! comme la vie (être) ________________ belle si j'étais pâtissier !

**b** **Conjugue les verbes à l'indicatif conditionnel présent.**

| | Porter | Remplir | Faire |
|---|---|---|---|
| Je | ________________ | ________________ | ________________ |
| Tu | ________________ | ________________ | ________________ |
| Il, elle, on | ________________ | ________________ | ________________ |
| Nous | ________________ | ________________ | ________________ |
| Vous | ________________ | ________________ | ________________ |
| Ils, elles | ________________ | ________________ | ________________ |

## 12 a Complète le texte en utilisant les verbes qui conviennent.

mangera imaginiez allais rendre reviens est

Qu'est-ce que vous ________________, bande de petits naïfs ? Que j' ________________ vous ________________ votre compagnon ? Ha ! Ha ! Il ________________ toujours chez moi et si je ne ________________ pas, Azraël le ________________ tout cru.

Extrait de l'album, « *Le Schtroumpf financier* »



## b Encercle le verbe correctement écrit.

C' (est - es) peut-être une sorte de talisman qui (protège - protèges) celui qui le (possède - possèdes) (...) Et, dans ce cas, l'un de nous (aurait - aurais) la vie sauve...

Hergé, *Le Temple du soleil*, Casterman, 1949.

## c Dans les parenthèses, écris à l'infinitif les verbes soulignés.

Tout le monde le <u>sait</u> (________________), un visage sans barbe, comme le vôtre ou le mien, se <u>salit</u> (________________) si on ne le <u>lave</u> (________________) pas régulièrement. La chose n'a (________________) rien d'étonnant.

Mais pour un barbu, le problème <u>est</u> (________________) différent. Tout <u>reste</u> (________________) collé à ses poils, surtout la nourriture (...)

Compère Gredin, lui, ne <u>prenait</u> (________________) même pas la peine d'ouvrir grand la bouche quand il <u>mangeait</u> (________________). Et comme il ne se <u>lavait</u> (________________) jamais, les restes de ses repas se <u>collaient</u> (________________) à sa barbe.

Roald Dahl, *Les Deux Gredins*, coll. « Folio Junior », Gallimard, 1980.

# La phrase positive et la phrase négative

Une phrase positive décrit une action qui a lieu. Une phrase négative décrit une action qui n'a pas lieu. La phrase négative se construit avec des mots de négation comme **ne pas**, **ne plus**, **ne jamais**.

**1** **Réécris les phrases en ajoutant les mots de négation demandés.**

Exemple : (ne pas) Il court plus vite que moi.
Il **ne** court **pas** plus vite que moi.

**a** (ne plus) Je cherche les ennuis.

_______________________________________.

**b** (ne jamais) Je vais au bord de la mer.

_______________________________________.

**c** (n' pas) Éteins cet ordinateur tout de suite !

_______________________________________!

**d** (ne pas) Je m'entends très bien avec ma cousine.

_______________________________________.

**e** (n' pas) C'est la fin des haricots !

_______________________________________!

**2** **La légende de l'illustration ci-dessous contient des erreurs. Pour la corriger, tu dois transformer certaines phrases positives en phrases négatives et certaines phrases négatives en phrases positives.**

Le ciel est couvert. Il pleut. Sur le toit de la maison, le chat dort; il ne voit pas l'oiseau qui se pose près de lui.

______________________________

______________________________

______________________________

______________________________.

**3** **Remets les mots dans l'ordre pour former des phrases.**

**a** réveille Ne chat pas qui dort le.

______________________________.

**b** Cet ne oiseau devrait narguer pas chat ce.

______________________________.

**4** **Souligne en bleu les phrases positives, souligne en rouge les phrases négatives.**

Anatole est plutôt beau garçon. Pourtant, il l'ignore. Car, comme tous les vampires, il n'a jamais pu se regarder dans un miroir.

— Anatole, où vas-tu ?

— Je sors, Maman !

— Tu n'as pas touché à mes coquerelles farcies. Surtout, n'oublie pas de rentrer dix minutes avant le lever du soleil ! La dernière fois, tu as bien failli griller. Dix minutes ! tu as compris ? Sinon, tu n'auras plus le droit de sortir seul, la nuit.

Anatole s'apprête à pousser la dalle du caveau familial, mais sa mère le retient :

— Parle-lui Boris ! s'écrie Magda. Cet enfant ne m'écoute pas.

D'après Marie-Andrée Boucher, *Anatole le vampire*, coll. « Plus », Hurtubise HMH, 1996.

# La phrase interrogative

**1 Vrai ou faux ? Coche la case appropriée.**

| | Vrai | Faux |
|---|---|---|
| a) Une phrase interrogative exprime une question. | ❑ | ❑ |
| b) Une phrase interrogative se termine par un point d'interrogation (**?**). | ❑ | ❑ |
| c) Une phrase interrogative commence souvent par **Est-ce que**, **Pourquoi**, **Combien**, **Où**, **Comment**, **Qui**, **Quel**. | ❑ | ❑ |

**2 Souligne les phrases interrogatives du texte.**

Les grandes personnes aiment les chiffres. Quand vous leur parlez d'un nouvel ami, elles ne vous questionnent jamais sur l'essentiel. Elles ne vous disent jamais : « Quel est le son de sa voix ? Quels sont les jeux qu'il préfère ? Est-ce qu'il collectionne les papillons ? » Elles vous demandent : « Quel âge a-t-il ? Combien a-t-il de frères ? Combien pèse-t-il ? Combien gagne son père ? » Alors seulement elles croient le connaître.

Antoine de Saint-Exupéry, *Le Petit Prince*,
Gallimard, 1946.

**3** **Sans ajouter de mots, transforme les phrases ci-dessous en phrases interrogatives.**

Exemple :

Vous irez visiter les pyramides. **Irez-vous** visiter les pyramides **?**

**a** Nous sommes en Égypte.

________________________________________ ?

**b** Vous serez interrogés par le sphinx.

________________________________________ ?

**c** Il connaît toutes les réponses.

________________________________________ ?

**4** **Ajoute les mots interrogatifs demandés pour transformer les phrases déclaratives en phrases interrogatives.**

Exemple : (Pourquoi ?) Tu pars quand j'ai besoin de toi.

Pourquoi pars-tu quand j'ai besoin de toi ?

**a** (Quand ?) Vous viendrez me voir.

________________________________________ ?

**b** (Où ?) Nous allons planter un olivier.

________________________________________ ?

# Les homophones

**1** **Les parenthèses renferment un a et un à. Encercle celui qui convient.**

a) La rivière ( a - à ) débordé. Aura-t-elle le temps de rentrer dans son lit ?

b) ( A - À ) la claire fontaine, m'en allant promener...

c) Le raton laveur ( a - à ) peut-être besoin de lunettes.

d) Rien ne sert de courir, il faut partir ( a - à ) point.

**2** **Les parenthèses renferment un ont et un on. Encercle celui qui convient.**

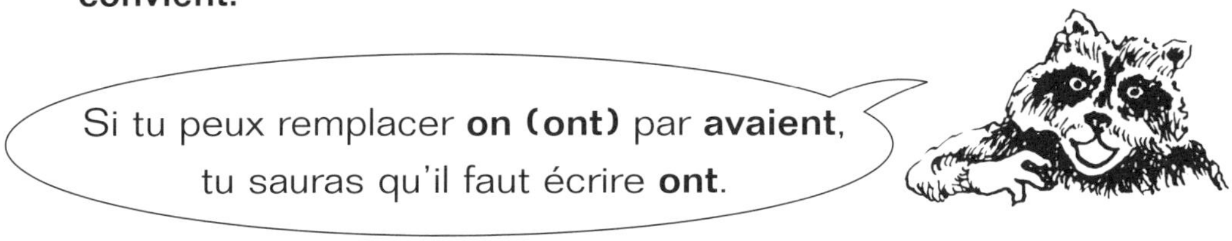


a) ( Ont - On ) ne fait pas d'omelettes sans casser des œufs.

b) Ils ( ont - on ) des chapeaux ronds, vive les Bretons !

c) Tous mes amis sont contre moi, mais ils ( ont - on ) tort.

d) Quand ( ont - on ) est si maladroit, ( ont - on ) reste chez soi.

**3** **Les parenthèses renferment un sont et un son. Encercle celui qui convient.**

Si tu peux remplacer **son (sont)** par **étaient**, tu sauras qu'il faut écrire **sont**.

**a** Les souvenirs de ta grand-mère ( sont - son ) très drôles.

**b** ( Sont - Son ) bâton de hockey est en bois.

**c** Les truffes ( sont - son ) les champignons préférés des cochons.

**d** Soudain, ( sont - son ) regard se posa sur moi.

**4** **Les parenthèses renferment un ces et un ses. Encercle le bon mot.**

Si tu peux ajouter **à elle**, **à lui**, **à eux**, **à elles**, tu sauras qu'il faut écrire **ses**.

**a** ( Ses - Ces ) genoux la font souffrir.

**b** ( Ses - Ces ) gens-là ne rient jamais.

**c** J'adore ( ses - ces ) petits lutins que l'on appelle des schtroumpfs.

**d** Martin aide souvent son petit frère à mettre ( ses - ces ) patins.

**5** **Encercle les bons mots dans chaque phrase.**

**a** Un (pot - peau) de peinture m'est tombé dessus, j'ai la (pot - peau) toute jaune.

**b** La ( cher - chair ) du crabe est excellente, mais elle coûte ( cher - chair ).

**c** Ma ( mer - mère ) me donnait des becs pendant que monsieur le ( mer - mère - maire ) faisait un discours.

**d** Mon (père - paire) m'a acheté une belle (père - paire) de chaussettes.

# Le groupe du verbe

Le **groupe du verbe** est un verbe conjugué auquel peut se rattacher un mot ou un groupe de mots qui le complète. Le verbe conjugué est le mot principal du groupe du verbe. On dit qu'il est le noyau du groupe du verbe.

**1** **Relie le verbe conjugué au mot ou au groupe de mots qui peut le compléter pour former un groupe du verbe.**

Lulu parle •

- de sa pire ennemie.
- souvent
- de son journal intime.
- moi.
- une langue bizarre.
- aux murs.
- chantera.
- à sa meilleure amie.
- la chaise.

**2** **Entoure le groupe du verbe et souligne le verbe conjugué (le noyau).**

**Exemple :** Mathilde mange un bleuet.

**a** Charlotte est trapéziste. Elle travaille beaucoup.

**b** Je n'aime pas le printemps. Les rues sont pleines de boue.

**c** J'aimerais bien dormir à la belle étoile mais si il pleut à boire debout.

**d** Nous ramasserons des bleuets et des fraises.

**e** Arrête de pleurer et je descendrai de mon arbre. Pour te consoler, je te propose une devinette : « Si je disparais, Paris est pris. Je suis la lettre a. »

# La langue des barbares

Ces barbares parlent vraiment très mal. Écris sous chaque dessin ce qu'ils devraient dire.

_______________________________________

_______________________________________

_______________________________________

_______________________________________

_______________________________________

_______________________________________

_______________________________________

_______________________________________

# LE GRAND JEU DES CONJUGAISONS

| | | |
|---|---|---|
| 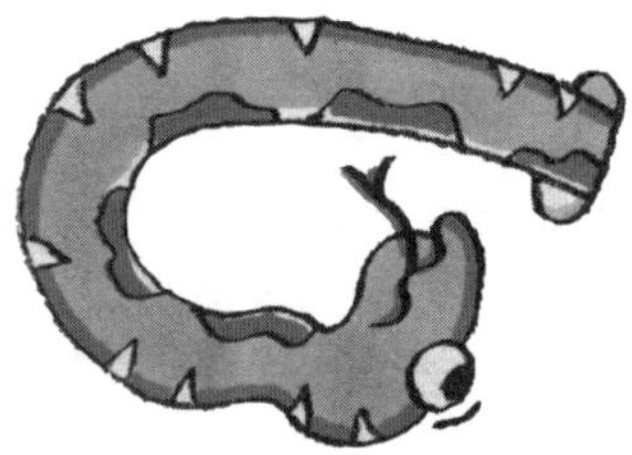<br>**4** | **Grandir**<br>**INDICATIF IMPARFAIT**<br>Si tu réussis, tu restes là, sinon tu descends sur le dos du serpent.<br>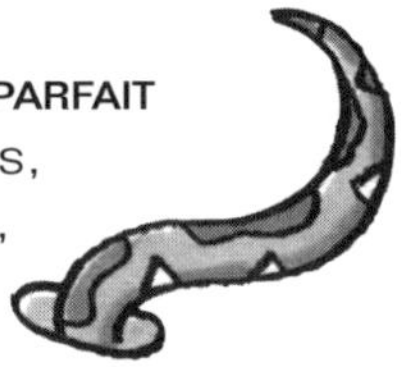<br>**5** | **Aimer**<br>**INDICATIF FUTUR SIMPLE**<br>Si tu réussis, tu restes là, sinon tu recules d'une cas<br>**12** |
| **Zut ! Zut ! Zut !**<br>Tu reviens à la case départ.<br>**3** | **Finir**<br>**INDICATIF CONDITIONNEL PRÉSENT**<br>Si tu réussis, tu avances de deux cases, sinon tu recules de deux.<br>**6** | **Lire**<br>**INDICATIF PRÉSENT**<br>Si tu réussis, tu restes là, sinon tu reviens à la case 10.<br>**11** |
| **Manger**<br>**INDICATIF IMPARFAIT**<br>Si tu réussis, tu avances de deux cases, sinon tu recules d'une case.<br>**2** | **Aller**<br>**INDICATIF FUTUR SIMPLE**<br>Si tu réussis, tu avances d'une case, sinon tu passes un tour.<br>**7** | 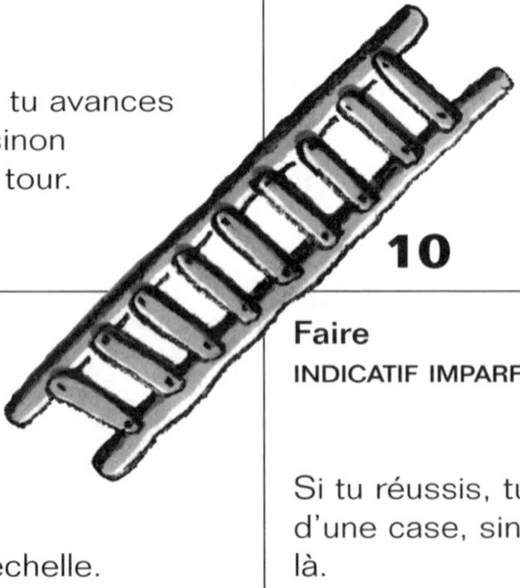<br>**10** |
| <br>**DÉPART**<br>**Chanter**<br>**INDICATIF PRÉSENT**<br>Si tu réussis, tu avances de deux cases, sinon tu restes là.<br>**1** | **BRAVO !**<br>Tu montes l'échelle.<br>**8** | **Faire**<br>**INDICATIF IMPARFAIT**<br>Si tu réussis, tu avances d'une case, sinon tu reste là.<br>**9** |

Nombre de joueurs : illimité. Il faut un dé et des pions (pièces de monnaie, boutons de chemise, etc.). Chaque joueur, à tour de rôle, lance le dé et déplace son pion selon le chiffre obtenu. À chacun des chiffres correspond un pronom personnel : 1 = je, 2 = tu, 3 = il / elle / on, 4 = nous, 5 = vous, 6 = ils / elles. Exemple : tu lances le dé et tu obtiens 2. Tu te rends donc à la case 2 et tu épelles le verbe **manger** à la deuxième personne de l'indicatif imparfait : **tu mangeais**. Le but du jeu consiste à se rendre à la case d'arrivée (24) avant les autres.

| | | |
|---|---|---|
| **oir**<br>ICATIF FUTUR SIMPLE<br><br>tu réussis, tu restes là,<br>non tu fais le tour de<br>pièce à cloche-pied<br>tu perds un tour.<br><br>**3** | **Sortir**<br>INDICATIF FUTUR SIMPLE<br><br>Si tu réussis, tu restes là,<br>sinon tu retournes à la case<br>18.<br><br>**20** | **Rire**<br>INDICATIF PRÉSENT<br><br>Si tu réussis, ton adversaire<br>applaudit, sinon tu imites<br>le cri du lion.<br><br>**21** |
| <br><br>**4** | **Jouer**<br>INDICATIF<br>IMPARFAIT<br><br>Si tu réussis, tu restes là,<br>sinon tu descends sur<br>le dos du serpent.<br><br>**19** | **Être**<br>INDICATIF<br>CONDITIONNEL PRÉSENT<br><br>Si tu réussis, tu restes là,<br>sinon tu recules d'une case.<br><br>**22** |
| **voir**<br>ICATIF IMPARFAIT<br><br>tu réussis, tu restes là,<br>non tu descends sur<br>dos du serpent.<br><br>**5** | **Vivre**<br>INDICATIF<br>FUTUR SIMPLE<br><br>Si tu réussis, tu joues<br>de nouveau, sinon<br>tu restes là.<br><br>**18** | **Avoir**<br>INDICATIF PRÉSENT<br><br>Si tu réussis, tu avances<br>d'une case, sinon tu restes<br>là.<br><br>**23** |
| **nir**<br>ICATIF IMPARFAIT<br><br>tu réussis, tu restes là,<br>non tu descends sur<br>dos du serpent.<br><br>**6** | **Aller**<br>INDICATIF PRÉSENT<br><br>Si tu réussis,<br>tu franchis<br>l'échelle, sinon<br>tu restes là.<br><br>**17** | **ARRIVÉE**<br><br>**24** |

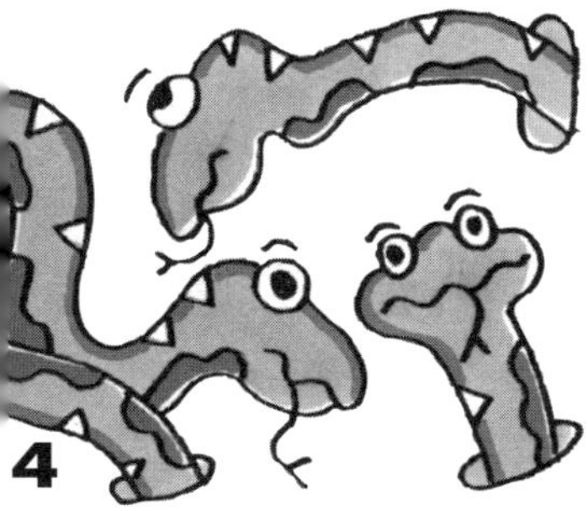
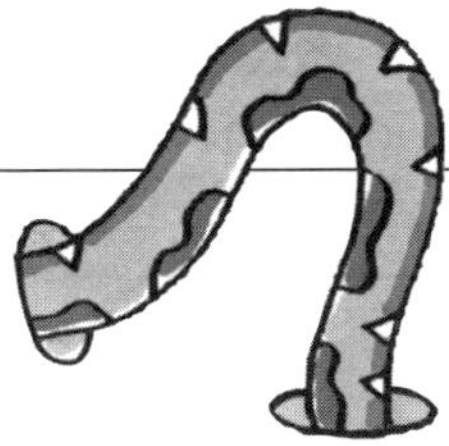

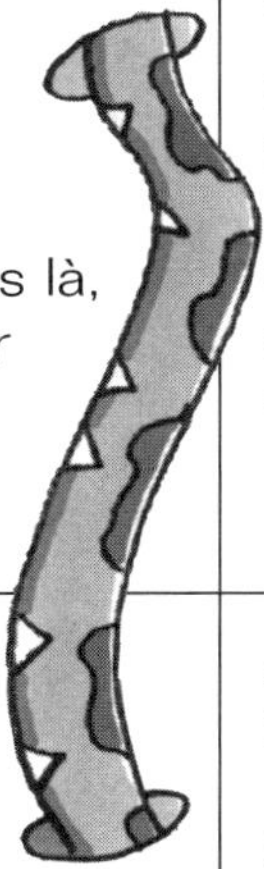

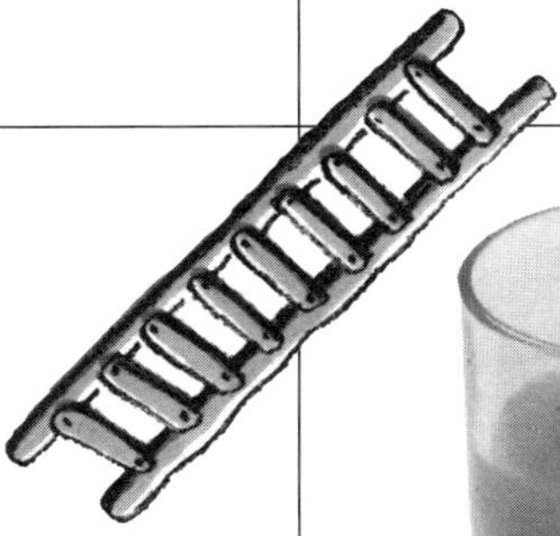

# Dictées

**SUGGESTION AUX PARENTS :** Avant de donner une dictée, demandez à l'enfant de lire le texte attentivement.

## m devant m, b, p

Au mois de **septembre**, nous **emmènerons** nos **compagnons** ramasser des **champignons**. Au mois de **novembre**, nous les mangerons. Au mois de **décembre**, nous **recommencerons**.

●●●

Quand la nuit de l'Halloween est **tombée**, j'ai **longtemps compté** mes **bonbons**. Ensuite, sans **tambours** ni **trompettes**, je me suis endormi.

## Les accents

J'ai quatre pieds, mais je n'ai jamais **marché**.
J'ai une **tête**, mais je n'ai jamais **parlé**.
Je suis **couché**, mais je suis toujours **éveillé**.
Je suis un lit.

●●●

**Bientôt**, je partirai en **canoë** sur la **rivière**. Je n'ai pas peur des **fantômes** ni des **piqûres** de **guêpes**. J'apporterai ma **flûte** et un bon **dîner**. Ce sera une belle **journée** !

# L'accord des adjectifs

Les loups sont de **bons** chasseurs. **Leurs** dents, **nombreuses** et **pointues**, ont parfois **cinq** centimètres de longueur. Ils ont un odorat très **développé**. Si le vent souffle dans la **bonne** direction, ils peuvent sentir un **autre** animal à une distance de **deux** kilomètres.

•••

Les zèbres sont **heureux** dans les **grandes** plaines d'Afrique. Les **jolies** rayures de **ces beaux** animaux sont-elles **blanches** sur un corps **noir** ou **noires** sur un corps **blanc** ?

# Le pluriel des mots en eau et eu

Deux **râteaux bleus** avaient perdu leurs dents. Le premier, dans les **cheveux** de monsieur Beaulieu, le deuxième, sous les **pneus** d'un camion bleu.

•••

Les **beaux oiseaux bleus** chantent dans les **cieux** et font des cabrioles dans le champ de **poireaux**.

# Le pluriel des mots terminés par s, x ou z au singulier

Il était une **fois** un monstre à trois **nez**. Dans une narine, il avait deux petits **pois**, dans une autre, une branche de **lilas**, et dans les quatre dernières, une magnifique collection de **noix**.

●●●

Une petite **souris** mangeait du **riz** avec sa grande amie sur un **tapis gris**. Deux **fois** le chat est passé ; pas une **fois**, il n'a vu les deux petites **souris**.

# Les homophones

**On** sait que les baleines bleues **ont** une très grosse langue. **Cette** langue pèse environ **sept** tonnes. La baleine **a** un petit qui, **à** la naissance, pèse aussi **sept** tonnes. La baleine et **son** bébé **sont** des mammifères.

●●●

Les paresseux **sont** drôles. **Ces** animaux passent leur vie **à** dormir. Ils **ont** une fourrure épaisse. **On a** découvert qu'ils **sont** plus lents que les tortues. Ils avancent **à** la vitesse de trois mètres par minute !

# Les conjugaisons

J'**ai** fait un cauchemar la nuit dernière. Il y **avait** une horrible sorcière qui **avait** enlevé ma poupée. Elle m'**a** dit : « Tu n'**as** plus de poupée ! Tu en **auras** une à la prochaine lune ! »

Nous **sommes** au premier jour de l'hiver, le vent **est** piquant. Hier encore, nous **étions** en plein été, le vent **était** brûlant. Dans quelques jours, déjà, nous **serons** au printemps, alors le vent **sera** caressant.

●●●

Quand je **serai** grande, je **serai** capitaine. Le vent **sera** mon fidèle compagnon, les étoiles **seront** mon trésor. Si je **suis** surprise par la tempête, le vent et moi nous **serons** des amis.

●●●

Je **sonne**,
tu **sonnes**,
il **sonne**,
nous **sonnons**,
vous **êtes** sourds ?
Ils ne **sont** pas là !

Pef, « Verbe sonner » in *L'ivre de Français*, coll. « Folio Cadet », Gallimard, 1986.

J'**ai** un chat noir qui **a** les yeux gris. Tu **auras** un chat gris qui **aura** les yeux noirs. Quand ils **auront** des petits, nous n'**aurons** plus peur des souris.

●●●

Je me **dis**: voilà le coucou qui **chante**:
**c'est** le mois de mars
et nous **allons** avoir chaud.
Voilà le merle qui **siffle**:
**c'est** le mois d'avril.
Voilà le rossignol :
**c'est** le mois de mai (...)

Alphonse de Lamartine (1790-1869)

●●●

Les serviteurs se **couchent** sur le sol et, bientôt, le garçon ne **voit** qu'un tapis de dos avec, tout au bout de la pièce, deux gardes gigantesques qui **croisent** leurs lances devant la porte. Il n'**insiste** pas.

D'après Marie-Thérèse Rouïl,
*Les Trois Souhaits*, coll. « Plus »,
Hurtubise HMH, 1997.

●●●

Les chats de Florence **couraient** partout. Ils **pourchassaient** les rats sous les galeries, dans les caves et dans les greniers. Quelques jours plus tard, il n'y **avait** plus l'ombre d'un rat. La dame aux chats **était** ravie et les gens du village aussi.

D'après Robert Soulières,
*L'homme qui venait de la mer*,
coll. « Plus », Hurtubise HMH, 1991.

# Corrigé

## PAGE 3 L'ordre alphabétique

1. escalier - escargot - espoir - information - innover - inonder - majuscule - maladie - maladresse - vedette - vent - vente
2. ballon - bicyclette - cadeau - cadran - champignon - feuille - parapluie

## PAGES 4 À 6 Les noms communs, les verbes et les adjectifs

1. b 4 A - c 3 C - d 4 A - e 3 C - f 5 B - g 1 C - h 2 C - i 6 B
2. a) ~~voyager~~ - adjectifs - verbe b) ~~capricieux~~ - noms - adjectif c) ~~cavalier~~ - verbes - nom
3. Exemples de réponse : **noms communs :** jambes - tête - bosse - yeux **verbes :** avait - se terminait - luisaient - se cognait **adjectifs :** petites - chauve - énorme - minuscules

## PAGE 7 Les préfixes

1. **in**confortable **tri**cycle **in**colore
   **télé**phone **télé**commande **in**croyable
   **in**connu **photo**graphie (ou **télé**graphie) **in**juste
   **anti**vol **télé**spectateur **tri**angle
2. a) tri- b) télé- c) in- d) photo- e) anti-

## PAGES 8 ET 9 Les déterminants

1. <u>L</u>'autre jour, <u>les</u> <u>deux</u> pneus de <u>la</u> bicyclette de Philippe ont crevé. Impossible pour lui de les réparer. Il a demandé à <u>son</u> père, mais celui-ci était trop occupé. Il s'est tourné vers <u>sa</u> mère, mais elle était trop fatiguée. Il a imploré <u>sa</u> sœur, mais elle était <u>au</u> téléphone. Il a alors supplié <u>son</u> frère qui lui a dit : « D'accord, d'accord, je veux bien t'aider à les réparer, <u>ces</u> pneus, mais qu'est-ce que tu me donneras en retour ? Philippe a longtemps hésité et puis il s'est décidé : « <u>Mon</u> p'tit jus congelé ! »
2. a) Camille a donné **une** bonne leçon à **ces** voyous. b) **Ce** petit galopin a perdu **ses** mitaines. c) Éric a fait un tour du chapeau, il a marqué **trois** buts. d) Pourquoi est-ce que **ton** chien n'aime pas **mes** chattes ? e) Ne mets pas **ton** nez dans **mes** affaires ! f) **Les** cavaliers enfourchent **leurs** montures et partent au galop. g) Il fait **un** froid de canard ! N'oubliez pas **vos** tuques et **vos** foulards. h) **Le** pauvre enfant ne voyait rien sans **ses** lunettes.

## PAGES 10 À 12 Vocabulaire

1. a) mètres b) patte c) roule d) tisse e) museau f) peint
2. canard, cane, caneton, nasillement - mouton, brebis, agneau, bêlement - lion, lionne, lionceau, rugissement - chat, chatte, chaton, miaulement - chien, chienne, chiot, aboiement - cheval, jument, poulain, hennissement - bœuf, vache, veau, meuglement - lapin, lapine, lapereau, clapissement - renard, renarde, renardeau, glapissement - âne, ânesse, ânon, braiment - éléphant, éléphante, éléphanteau, barrissement
3. a) renard b) mule c) singe d) bœuf e) agneau f) loup g) de crocodile h) d'éléphant i) lynx j) chat k) puce

## PAGE 13 La ponctuation et les majuscules

1. a) ! b) ? c) ? d) ! e) ? f) ! g) !
2. **<u>S</u>**ophie désirait beaucoup avoir des sourcils très épais**<u>.</u>** Le peu qu'elle avait étaient blonds, donc on ne les voyait pas beaucoup**<u>.</u>** Elle avait entendu dire que, pour faire épaissir les cheveux, il fallait les couper souvent. **<u>P</u>**uisque, se dit-elle, les cheveux deviennent plus épais quand on les coupe, les sourcils, qui sont de petits cheveux, devraient faire de même. **<u>V</u>**oilà **<u>S</u>**ophie qui prend des ciseaux et qui coupe ses sourcils aussi courts que possible**<u>.</u>** Ses sourcils mirent plus de six mois à repousser. **<u>I</u>**ls étaient comme les poils d'une brosse à dents !

## PAGE 14 Le groupe du nom

1. Exemples de réponse : un**e** algue vert**e** - quelques coquillage**s** géant**s** - du sable fin - le grand poisson - plusieurs baleine**s** bleue**s**
2. L'homme sort de sa poche plusieurs grosses huîtres. D'un geste calme, il en prend une. Il l'approche de ses lèvres et lui murmure des mots tendres. Après avoir avalé sa dernière huître, il se met à siffler un air étrange. Quelques mouettes arrivent et se perchent sur son bras, puis viennent manger dans sa main.

## PAGES 15 À 17 Les pronoms

1.

| | | | | | | | | |
|---|---|---|---|---|---|---|---|---|
| l | o | v | e | l | l | e | s | e |
| e | j | e | n | o | u | s | a | l |
| u | n | o | i | l | l | u | i | l |
| r | t | u | i | l | s | l | a | e |
| v | o | u | s | l | e | l | e | s |
| c | e | l | e | c | e | l | u | i |

2. **a)** Elle **b)** Elles **c)** Nous **d)** Il **e)** Elle
3. **a)** ses amies **b)** mon frère **c)** une balle **d)** un chien **e)** mon frère et moi **f)** ce trophée
4. **a)** ~~ses yeux~~ ils **b)** ~~mon frère~~ lui **c)** ~~son chapeau~~ le **d)** ~~ses louveteaux~~ les
   **e)** ~~ta bicyclette~~ la **f)** ~~le chemin~~ celui **g)** ~~l'herbe~~ celle
5. **a)** D **b)** D - P **c)** D - P **d)** D - P

## PAGES 18 ET 19 Les classes de mots

1. Ma (déterminant) - petite (adjectif) - vache (nom) - a (verbe) - pattes (nom) - tirons (verbe) - la (pronom) - la (déterminant) - queue (nom commun)
   tourne (verbe) - eux (pronom) - tête (nom) - fer (nom) - fentes (nom) - ses (déterminant) - flamboient (verbe) - braise (nom) - s'aplatit (verbe) - pierres (nom) - éperonne (verbe) - monture (nom) - disparaît (verbe) - nuit (nom) - terre (nom)

## PAGE 20 Lecture et compréhension

**a)** Agaguk va à la chasse en motoneige.
**b)** toujours
**c)** Parce qu'il est trop jeune.
**d)** Pour ne pas être tout seul.
**e)** Agaguk préfère la chasse.

## PAGE 21 Les synonymes et les antonymes

1. grand / vaste - content / heureux - noirceur / obscurité - petit / minuscule - mauvais / méchant - difficile / malaisé - rapide / vite - beau / admirable
2. luisant / mat - pleurer / rire - partir / arriver - blanc / noir - petit / grand - large / étroit - rapide / lent - non / oui - dessus / dessous - bas / haut - mauvais / bon - difficile / facile - lourd / léger

## PAGE 22 Les accents et le tréma

1. poème - arôme - piqûre - fantôme - règlement - sûr - flûte - dîner - câble - crèche - guépard - blé
2. **En bleu** : mère - mystère - frère - père - flèche **En vert** : cheminée - école - éléphant - télévision - médecin **En jaune** : château - fenêtre - piqûre
3. égoïste - naïf - haïr - ouïe
4. Noël - canoë - aiguë

## PAGES 23 À 25 Le genre

1. **a)** **un** autobus **b)** **une** autoroute **c)** **une** ancre **d)** **un** avion **e)** **un** éclair **f)** **une** épice **g)** **un** indice **h)** **un** orage **i)** **un** pétale **j)** **une** clarinette **k)** **un** incendie **l)** **un** spaghetti
2. **a)** Un - la **b)** mon - un **c)** un **d)** Cet
3. boulangère - passagère - cuisinière - fermière - épicière - écolière - légère - étrangère
4. bonne - championne - chienne - patronne - musicienne - gardienne - lionne - ancienne
5. vieille - belle - longue - blanche - douce - joyeuse - sèche - fausse - gentille
6.

| | | | | | | | | | |
|---|---|---|---|---|---|---|---|---|---|
| **c** | **h** | **a** | **t** | a | **é** | **t** | **é** | w | c |
| d | o | i | l | s | u | v | m | a | i |
| **p** | **a** | **p** | **i** | **l** | **l** | **o** | **n** | **s** | f |
| q | **j** | **o** | **u** | **r** | **n** | **é** | **e** | q | m |
| **c** | **o** | **l** | **i** | **m** | **a** | **ç** | **o** | **n** | **s** |
| x | **v** | **i** | **e** | k | **p** | **a** | **r** | **c** | o |
| **l** | **i** | **b** | **e** | **r** | **t** | **é** | k | g | s |

**En bleu :** chat - parc - papillons - colimaçons - été **En vert :** journée - vie - liberté

7. Sophie était **coquette**, elle aimait à être bien **mise**. Et pourtant, elle n'était pas **jolie**; elle avait une **bonne grosse** figure bien **fraîche**, bien **gaie**, avec de très **beaux** yeux **gris**, un nez en l'air et un peu **gros**, une bouche **grande** et toujours prête à rire, des cheveux **blonds** pas frisés (...)

## PAGES 26 ET 27 Le nombre

1. tuyaux - joyaux - châteaux - chapeaux - drapeaux - râteaux - bateaux - oiseaux
2. pneu - bleu
3. **Ne changent pas au pluriel :** tapis - noix - bois - souris - nez **Prennent un s au pluriel :** chandail - poire - pneu - clou - loup **Prennent un x au pluriel :** bateau - feu - manteau - pruneau - tuyau
4. À faire vérifier par un adulte.
5. **a)** Des grands feux brûlent dans les cheminées. **b)** Les oiseaux bleus ont fait leurs nids dans les érables. **c)** Les chevaux galopent dans les champs.

## PAGES 28 À 31 Le groupe sujet

1. Pour trouver le **groupe sujet**, on pose les questions **qui est-ce qui ?** ou **qu'est-ce qui ?** avant le verbe.
2. **a)** Les habitants de Nourra **b)** Ils **c)** les rayons **d)** Une douce brise
3. **a)** **Vincent** dort comme une marmotte. **b)** **Les hirondelles** n'annoncent pas toujours le printemps. **c)** **Ses paroles** se transformaient en perles. **d)** **Mon anniversaire** est le plus beau jour de l'année. **e)** **Tu** détestes les araignées. **f)** **Je** ne sais pas quoi faire.
4. **a)** **Mon secret** pourr**a** **b)** **Elle** avanc**e** **c)** **Des bruits inquiétants** résonn**ent** **d)** **Nous** aimer**ions** **e)** **tu** veu**x** **f)** **Ce pauvre chien** trembl**e**
5. **a)** Il - **fait** **b)** Je - **dirai** **c)** Tu - **vois** **d)** je - **préfère** **e)** Ils - **appelleront**
6. **a)** **Celui** **b)** **les tableaux** **c)** **L'homme**
7. **a)** **les chouettes** - hulul**ent** **b)** **Le premier** - parl**e** **c)** **ceux** - comprenn**ent** **d)** **vous** - jou**ez** **e)** **ma voiture** - fai**t** **f)** **toi** - gagn**es**

## PAGES 32 ET 33 Le grand jeu de l'hippodrome

À quelle classe appartient le mot mon ? C'est un déterminant. – Nomme trois déterminants. Exemples de réponse : un, trois, ce – Corrige la faute. Je vous dir**ai** la vérité. – Épelle le féminin de léger. lég**ère** – Nomme trois verbes. Exemples de réponse : être, dormir, aimer. – À quelle classe appartient le mot cheval ? C'est un nom. – Donne une façon de construire une phrase interrogative. On inverse le verbe et le groupe sujet (exemple : Veux-tu un bonbon ?) – Le mot autobus est-il masculin ou féminin ? masculin – À quelle classe appartient le mot galoper ? C'est un verbe. – Nomme trois pronoms. Exemples de réponse : je, lui, celui. – Lequel des mots suivants prend un **x** au pluriel ? feu (des feux) – Quelle lettre prennent les mots suivants au pluriel ? **x** – Nomme trois adjectifs. Exemples de réponse : blanc, grand, content. – À quelle classe appartient le mot blanc ? C'est un adjectif. – Comment trouve-t-on le groupe sujet ? – En posant les questions **qui est-ce qui ?** ou **qu'est-ce qui ?** avant le verbe. – Transforme la phrase suivante en phrase négative. Ne reste pas là ! – Transforme la phrase suivante en phrase interrogative. Pars-tu ? – Nomme trois noms communs. Exemples de réponse : aviateur, rossignol, livre. – À quoi servent les pronoms ? À remplacer un groupe du nom. – Nomme trois mots interrogatifs. Exemples de réponse : où, quand, comment.

## PAGES 34 À 41 Les conjugaisons

**1. a)** faire **b)** avoir **c)** reconnaître **d)** être **e)** venir **f)** craindre **g)** boire **h)** avoir **i)** porter

**2. Indicatif présent :** j'ai - ils, elles ont - tu as - vous avez - il, elle, on a - nous avons
**Indicatif futur simple :** j'aurai - ils, elles auront - tu auras - vous aurez - il, elle, on aura - nous aurons
**Indicatif imparfait :** j'avais - ils, elles avaient - tu avais - vous aviez - il, elle, on avait - nous avions
**Indicatif conditionnel présent :** j'aurais - ils, elles auraient - tu aurais - vous auriez - il, elle, on aurait - nous aurions

**3. a)** auriez **b)** avaient **c)** avez **d)** avait **e)** a

**4. a)** avait **b)** aurait **c)** avaient

**5. Indicatif présent :** tu es - nous sommes - je suis - ils, elles sont - il, elle, on est - vous êtes
**Indicatif futur simple :** tu seras - nous serons - je serai - ils, elles seront - il, elle, on sera - vous serez
**Indicatif imparfait :** tu étais - nous étions - j'étais - ils, elles étaient - il, elle, on était - vous étiez
**Indicatif conditionnel présent :** tu serais - nous serions - je serais - ils, elles seraient - il, elle, on serait - vous seriez

**6. a)** Nous **b)** Tu **c)** Je **d)** Il, On **e)** il

**7. a)** sera **b)** est **c)** serait

**8. a)** s'appellent - veulent - doivent - sont - deviennent - désigne - fournit - promettent
**b) Désigner :** Je désigne - Tu désignes - Il, elle, on désigne - Nous désignons - Vous désignez - Ils, elles désignent **Fournir :** Je fournis - Tu fournis - Il, elle, on fournit - Nous fournissons - Vous fournissez - Ils, elles fournissent **Vouloir :** Je veux - Tu veux - Il, elle, on veut - Nous voulons - Vous voulez - Ils, elles veulent

**9. a)** s'appelaient - était - se mariait - s'occupait - chargeait - devait - veillait - savaient - était
**b) Occuper :** J'occupais - Tu occupais - Il, elle, on occupait - Nous occupions - Vous occupiez - Ils, elles occupaient **Veiller :** Je veillais - Tu veillais - Il, elle, on veillait - Nous veillions - Vous veilliez - Ils, elles veillaient **Savoir :** Je savais - Tu savais - Il, elle, on savait - Nous savions - Vous saviez - Ils, elles savaient

**10. a)** auras - songeras - faudra - deviendras - pourras - chasseras - connaîtras **b) Songer :** Je songerai - Tu songeras - Il, elle, on songera - Nous songerons - Vous songerez - Ils, elles songeront
**Connaître :** Je connaîtrai - Tu connaîtras - Il, elle, on connaîtra - Nous connaîtrons - Vous connaîtrez - Ils, elles connaîtront **Pouvoir :** Je pourrai - Tu pourras - Il, elle, on pourra - Nous pourrons - Vous pourrez - Ils, elles pourront

**11. a)** voudrais - ferais - porterais - mangerais - offrirais - rempliraient - laisserions - serait **b) Porter :** Je porterais - Tu porterais - Il, elle, on porterait - Nous porterions - Vous porteriez - Ils, elles porteraient **Remplir :** Je remplirais - Tu remplirais - Il, elle, on remplirait - Nous remplirions - Vous rempliriez - Ils, elles rempliraient **Faire :** Je ferais - Tu ferais - Il, elle, on ferait - Nous ferions - Vous feriez - Ils, elles feraient

**12. a)** Qu'est-ce que vous **imaginiez**, bande de petits naïfs ? Que **j'allais** vous **rendre** votre compagnon ? Ha ! Ha ! Il **est** toujours chez moi et si je ne **reviens** pas, Azraël le **mangera** tout cru.
**b)** C'**est** peut-être une sorte de talisman qui **protège** celui qui le **possède** (...) Et, dans ce cas, l'un de nous **aurait** la vie sauve...
**c)** savoir - salir - laver - avoir - être - rester - prendre - manger - laver - coller

## PAGES 42 À 44 La phrase positive et la phrase négative

**1. a)** Je **ne** cherche **plus** les ennuis. **b)** Je **ne** vais **jamais** au bord de la mer.
**c) N'**éteins **pas** cet ordinateur tout de suite ! **d)** Je **ne** m'entends **pas** très bien avec ma cousine.
**e)** Ce **n'**est **pas** la fin des haricots !

**2.** Le ciel n'est pas couvert. Il ne pleut pas. Sur le toit de la maison, le chat ne dort pas; il voit l'oiseau qui se pose près de lui.

**3. a)** Ne réveille pas le chat qui dort. **b)** Cet oiseau ne devrait pas narguer ce chat.

**4.** (en bleu **en rouge**) Anatole est plutôt beau garçon. Pourtant, il l'ignore. **Car, comme tous les vampires, il n'a jamais pu se regarder dans un miroir.**
– Anatole, où vas-tu ?
– Je sors, Maman !
– **Tu n'as pas touché à mes coquerelles farcies. Surtout, n'oublie pas de rentrer dix minutes avant le lever du soleil !** La dernière fois, tu as bien failli griller. Dix minutes ! tu as compris ? **Sinon, tu n'auras plus le droit de sortir seul, la nuit.**
Anatole s'apprête à pousser la dalle du caveau familial, mais sa mère le retient :
– Parle-lui Boris ! s'écrie Magda. **Cet enfant ne m'écoute pas.**

## PAGES 45 ET 46 La phrase interrogative

**1. a)** Vrai **b)** Vrai **c)** Vrai

**2.** Les grandes personnes aiment les chiffres. Quand vous leur parlez d'un nouvel ami, elles ne vous questionnent jamais sur l'essentiel. Elles ne vous disent jamais : « Quel est le son de sa voix ? Quels sont les jeux qu'il préfère ? Est-ce qu'il collectionne les papillons ? » Elles vous demandent : « Quel âge a-t-il ? Combien a-t-il de frères ? Combien pèse-t-il ? Combien gagne son père ? » Alors seulement elles croient le connaître.

**3. a)** Sommes-nous en Égypte ? **b)** Serez-vous interrogés par le sphinx ?
**c)** Connaît-il toutes les réponses ?

**4. a)** Quand viendrez-vous me voir ?
**b)** Où allons-nous planter un olivier ?

## PAGES 47 ET 48 Les homophones

**1. a)** a **b)** À **c)** a **d)** à
**2. a)** On **b)** ont **c)** ont **d)** on - on
**3. a)** sont **b)** Son **c)** sont **d)** son
**4. a)** Ses **b)** Ces **c)** ces **d)** ses
**5. a)** pot - peau **b)** chair - cher **c)** mère - maire **d)** père - paire

## PAGES 49 ET 50 Le groupe du verbe

**1.** Lulu parle de sa pire ennemie./ souvent. / de son journal intime. / une langue bizarre. / aux murs. / à sa meilleure amie.

**2. a)** Charlotte [est trapéziste]. Elle [travaille beaucoup].

**b)** Je [n'aime pas] le printemps. Les rues [sont pleines de boue].

**c)** J' [aimerais bien dormir à la belle étoile] mais il [pleut à boire debout].

**d)** Nous [ramasserons des bleuets et des fraises].

**e)** [Arrête de pleurer] et je [descendrai de mon arbre]. Pour te consoler, je [te propose une devinette] : « Si je [disparais], Paris [est pris]. Je [suis la lettre a]. »

## PAGE 51 La langue des barbares

Aujourd'hui, je vous **pose** des questions sur les verbes.
Je dis, tu dis, il ou elle dit, nous disons, vous **dites**, ils ou elles disent.
Hildegarde, **faites** une phrase avec être, 3$^{e}$ personne du pluriel à l'imparfait de l'indicatif.
Ils **étaient** à la chasse.

## PAGES 52 ET 53 Le grand jeu des conjugaisons

**1.** je chante **2.** je mangeais - tu mangeais **5.** je grandissais - tu grandissais - il, elle, on grandissait - nous grandissions - vous grandissiez **6.** je finirais - tu finirais - il, elle, on finirait - nous finirions - vous finiriez - ils, elles finiraient **7.** j'irai - tu iras - il, elle, on ira - nous irons - vous irez - ils, elles iront **9.** je faisais - tu faisais - il, elle, on faisait - nous faisions - vous faisiez - ils, elles faisaient **11.** je lis - tu lis - il, elle, on lit - nous lisons - vous lisez - ils, elles lisent **12.** j'aimerai - tu aimeras - il, elle, on aimera - nous aimerons - vous aimerez - ils, elles aimeront **13.** j'aurai - tu auras - il, elle, on aura - nous aurons - vous aurez - ils, elles auront **15.** je savais - tu savais - il, elle, on savait - nous savions - vous saviez - ils, elles savaient **16.** je finissais - tu finissais - il, elle, on finissait - nous finissions - vous finissiez - ils, elles finissaient **17.** je vais - tu vas - il, elle, on va - nous allons - vous allez - ils, elles vont **18.** je vivrai - tu vivras - il, elle, on vivra - nous vivrons - vous vivrez - ils, elles vivront **19.** je jouais - tu jouais - il, elle, on jouait - nous jouions - vous jouiez - ils, elles jouaient **20.** je sortirai - tu sortiras - il, elle, on sortira - nous sortirons - vous sortirez - ils, elles sortiront **21.** je ris - tu ris - il, elle, on rit - nous rions - vous riez - ils, elles rient **22.** je serais - tu serais - il, elle, on serait - nous serions - vous seriez - ils, elles seraient **23.** j'ai - tu as - il, elle, on a - nous avons - vous avez - ils, elles ont